〈포켓몬스터〉를 만든 남자, 다지리 사토시!!

세계적으로 엄청난 인기를 끌고 있는 〈포켓몬스터〉. 어린 시절부터 게임의 세계에 푹 빠져들어 지금은 세계를 대표하는 게임 크리에이터가 된 다지리 사토시는 과연 어떻게 포켓몬을 만들어 냈을까?
어릴 적의 경험이 수많은 아이들을 열광시킨 〈포켓몬스터〉의 탄생으로 이어졌다.

©2021 Pokémon. ©1995–2021 Nintendo/Creatures Inc./GAME FREAK inc.

흥미를 느낀 일은 끝까지 파고들었던 어린 시절

❖ **어린 시절 좋아했던 곤충채집이 포켓몬의 출발점?!**

1965년에 태어나 도쿄도 마치다시의 신흥 주택지에서 자란 사토시. 어린 시절, 곤충 채집에 푹 빠진 사토시는 사슴벌레를 효과적으로 잡는 방법을 이것저것 시도해 보는 사이에 곤충의 생태에 대해 잘 알게 되었다.

❖ **곤충 박사를 꿈꾸다?**

사토시는 채집뿐만 아니라 어떻게 하면 사슴벌레가 오래 살 수 있을지 연구하는 등, 사육과 관찰까지 관심을 넓혀 갔다. 곤충 박사가 꿈이었던 시기도 있었다고 한다. (도쿄도 마치다시)

❖ **사토시에게 영향을 준 초등학교 학급 통신 〈고다마〉**

사토시의 초등학교 담임선생님은 학급 통신이나 수업에서 자유 연구 결과를 발표하게 했다. 흥미를 느끼면 끝까지 파고드는 사토시의 성격은 이미 이때부터 형성되어 있었다.

❖ **그를 기다리던 건 컴퓨터 게임의 세계!**

중학생 시절, 막 출시된 컴퓨터 게임에 푹 빠진 사토시는 중학교를 졸업하고 컴퓨터 공부를 하기 위해 고등전문학교로 진학했다. 재학 중에 게임 콘테스트에서 대상을 수상하면서 게임 회사의 외부 아이디어 스태프로서 일하게 된다. (사진 중앙)

※ 자료 사진은 원본 그대로 게시하였습니다.

게임의 세계에 뛰어든 사토시

❖ **철저한 컴퓨터 게임 분석!**

사토시가 발행한 독립잡지 〈게임프리크〉 제1호. 컴퓨터 게임에 푹 빠진 사토시는 마찬가지로 게임을 좋아하는 사람들을 위해 게임 공략법과 추천 게임 등을 정리한 독립잡지를 발행했다. 창간호는 매진되었으며 뒤이어 발행된 〈게임 공략본〉의 시초가 되었다.

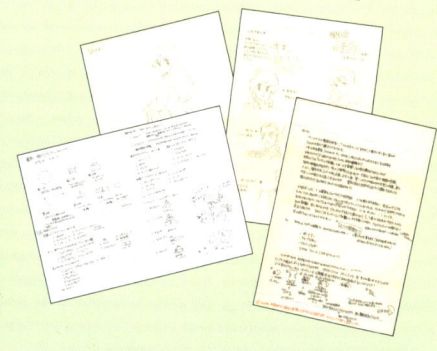

❖ **〈게임프리크〉를 통해 얻은 동료**

〈게임프리크〉를 보고 감격한 스기모리 겐이 보낸 편지. 사토시는 게임을 좋아하는 동료와 오리지널 게임을 만들겠다는 꿈을 키워 나갔다.(스기모리는 그 후 사토시와 함께 〈포켓몬스터〉뿐만 아니라 사토시가 관여한 대부분의 게임 캐릭터 디자인을 담당하게 된다)

❖ **드디어 첫 번째 게임 완성!**

사토시와 동료들이 만들어 1989년 발매된 패미컴용 소프트웨어 〈Quinty〉. 남코에서 출시되었으며 그 후 사토시와 동료들은 잡지와 같은 이름의 회사 '게임프리크'를 만든다.

그리고 〈포켓몬〉의 탄생

❖ **6년간의 집대성, 드디어 〈포켓몬〉 완성!**

1996년, 첫 번째로 〈포켓몬스터 레드·그린〉이 동시에 발매되었다. 게임은 레드와 그린 두 종류였으며, 출현하는 포켓몬이 약간 달라서 '어느 것을 살까' 하고 고민하는 시점에서부터 이미 게임이 시작된다. 어린이들의 마음을 단번에 사로잡아 엄청난 히트작이 되었다.

❖ **'포켓몬'은 '캡슐몬'이었다?!**

〈포켓몬〉을 만들었을 당시의 기획서. 처음 붙였던 제목은 〈캡슐몬스터〉였다.

❖ **진화해 가는 〈포켓몬〉의 세계**

비디오 게임뿐만 아니라 1996년에는 카드 게임, 1997년에는 TV 애니메이션화, 1998년에는 영화화되어 인형이나 문구류 등의 상품까지 출시된 〈포켓몬스터〉. 1998년에는 포켓몬 상품의 공식 매장 〈포켓몬센터〉도 생겨났다. 2016년에는 스마트폰 게임 〈Pokémon GO〉가 전 세계적인 열풍을 불러일으켰으며 현재까지도 전 세계의 사람들이 즐기고 있다.

포켓몬 크리에이터
다지리 사토시

● 해설
미야모토 시게루
[닌텐도 주식회사 대표이사 펠로*]

● 구성
기쿠타 히로유키

● 만화
다나카 아키라

***펠로** : 연구직에 종사하는 사람들에게 부여되는 직명 혹은 칭호. 일본에서는 민간기업의 직책명으로도 쓰인다.

포켓몬 크리에이터 다지리 사토시

##

프롤로그	8
제1장 곤충과 인베이더	12
제2장 늘어나는 동료들	36
제3장 아마추어 집단의 고분분투 ~첫 게임 제작~	60

◉ 주요 등장인물 ◉

스기모리 겐

사토시가 18세 때 친구가 된다. 〈포켓몬〉의 캐릭터 디자인을 담당한다.

다지리 사토시

일본을 대표하는 게임 크리에이터. 게임 〈포켓몬스터〉를 만들었다.

미야모토 시게루

닌텐도 주식회사 정보개발과 과장대리.(현 대표이사 펠로) 사토시의 재능을 발견하고 성장을 돕는다.

제4장 격변하는 사회와 포켓몬의 시작 ……… 78

제5장 끊이지 않는 트러블 ……… 99

제6장 포켓몬스터 탄생! ……… 129

에필로그 ……… 143

❖ **다지리 사토시의 '이거 알아?' 칼럼**
  ● ① ……… 34   ② ……… 59   ③ ……… 77   ④ ……… 128

❖ **학습 자료관**
  ● 해설 : '왜 재미있는가?'를 끝까지 고민한 다지리 사토시 ……… 150
  ● 연표 : 다지리 사토시의 발자취 ……… 156

마스다 준이치
사토시가 20세 때 친구가 된다. 〈포켓몬〉의 게임 음악과 프로그래밍을 담당한다.

엄마
사토시가 하는 일을 부정하지 않고 응원한다.

이시하라 쓰네카즈
주식회사 크리처스의 대표이사 사장. (현 대표이사 회장/주식회사 포켓몬 대표이사 사장) 사토시의 〈포켓몬〉 개발을 감독한다.

야타가와 선생님
사토시의 초등학교 담임선생님.

이얏~
다 잡아 버릴 테다!!
쿨~ 드르렁~

다지리 사장님, 잡지에서 취재하러 왔어요.

헉
이런, 깜박 졸다가 어릴 적 꿈을 꿨네…
응, 바로 갈게!

누구나 다 아는 게임 소프트웨어 〈포켓몬스터〉. 1996년에 게임보이* 전용 소프트웨어로 발매된 이후,

만화와 애니메이션, 상품까지 콘텐츠를 확대하여 대히트를 이어 가고 있습니다.

*게임보이 : 교토에 있는 장난감 및 컴퓨터 게임을 만드는 회사 닌텐도에서 1989년 발매된 휴대용 게임기.

제1장 곤충과 인베이더

쳇, 풍이밖에 없네… 시시하게.

톱사슴벌레는 없는 건가…….

이 계절에는 톱사슴벌레 같은 건 없어.

한밤중에 묘지 근처에 가면 꽤 있다고 하더라.

으앗, 묘지라고?!

근처에 있는 묘지는 아이들 사이에서 곤충이 많이 있다고 소문난 장소였습니다.

그리고 귀신도 있지….

와아~, 곤충은 대단하네….

풀무치의 튼튼한 다리,

사마귀의 날카로운 팔,

장수풍뎅이의 기다란 뿔.

곤충은 다들 몸에 강력한 무기가 달려 있어.

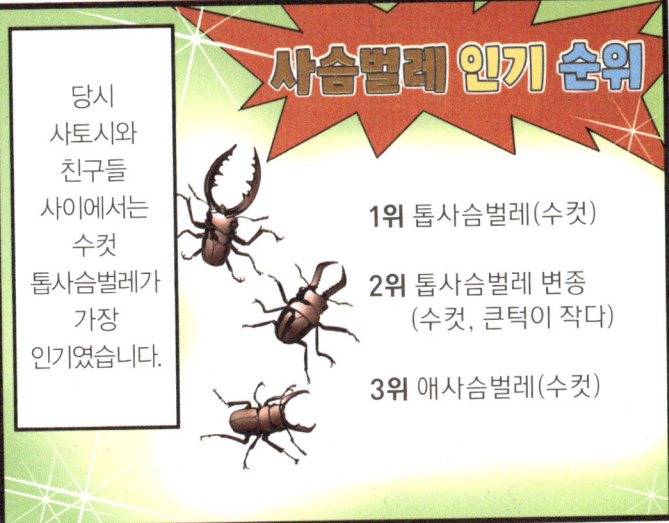

학생들의 연구 발표는 매일 배부되는 학급 통신 〈고다마〉에 실렸습니다.

다양한 주제를 조사해서 기사로 써야 했기 때문에, 사토시는 신문을 꾸준히 읽는 습관이 생겼습니다.

이런, 아빠는 아직 읽지도 않았는데…

부모님과 이야기를 나눌 기회도 늘었습니다.

밤늦게까지 조사를 하기도 했습니다.

선생님의 자유로운 지도 덕분에 좋아하는 것을 끝까지 파고드는 사토시의 성격이 더욱 발휘될 수 있었던 것입니다.

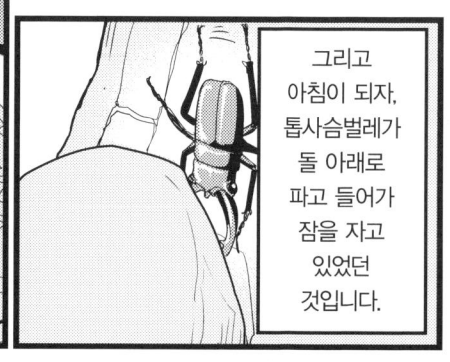

*월동 : 생물이 겨울을 나는 것.
*탐구심 : 사물을 깊이 파고들어 조사하려는 마음.

***주식회사 타이토**: 도쿄도 신주쿠구에 위치한, 게임 센터의 운영 및 게임기 개발 등을 하는 회사.

다지리 사토시의 '이거 알아?' 칼럼 ❶
베리 카드

저는 초등학교 4학년 때 처음으로 외국의 라디오 방송을 듣게 되었어요. 일본의 바다 건너 저편에 본 적도 없는 사람들이 있고, 들은 적도 없는 음악이 흘러나온다는 것이 정말 신선한 체험이었죠. 라디오에 흥미를 가지고 이것저것 조사한 결과, 방송을 수신한 후에 라디오국에 편지를 보내면 '베리 카드'라는 수신 확인 카드를 보내 준다는 사실을 알게 된 저는 태어나서 처음으로 외국에 편지를 보냈어요.

◀ 오스트레일리아(왼쪽)와 소비에트 연방(현재의 러시아)의 모스크바(오른쪽)에서 도착한 베리 카드.

여러 국가의 라디오 방송을 듣기 위해 저는 용돈을 모아서 고성능 라디오를 구입했어요. 마쓰시타 전기(현재의 파나소닉)의 '프로시드 2800'이라는 라디오였어요. 액정 화면에 주파수가 표시되는 모델로, 당시로서는 미래적인 느낌이 있었지요. 전파가 덜 혼잡한 이른 아침이나 늦은 밤이 되면 멀리 떨어진 나라의 전파도 잡을 수 있었어요.

▲ 프로시드 2800
(사진 제공 : 파나소닉 주식회사)

전 세계의 베리 카드를 모으고 싶어서 다양한 국가의 라디오 방송국에 주파수를 맞추는 일에 몰두했어요. 북한이나 중국의 방송국에서는 벽에 붙이는 깃발처럼 생긴 페넌트와 그림엽서를 베리 카드와 함께 보내주시기도 했죠. 좀처럼 수신하기 어려운 방송국도 있었지만, 다양한 방법을 시도해 보다가 결국 수신에 성공했을 때는 정말 기뻤어요. 바티칸의 방송국이나 아르헨티나, 브라질 등 지구 반대편에서 오는 전파도 수신할 수 있었죠.

◀중국의 '베이징 방송'에서 보내 준 편지, 그림엽서, 페넌트와 '자유중국의 소리'에서 보내 준 일본어로 된 중국 소개 소책자.

저는 어른이 된 지금도 위성방송이나 인터넷 방송으로 전 세계의 방송을 보거나 듣는 것을 좋아해요. 평소 익숙해져 있는 일본의 TV나 라디오의 정보와는 조금 다른 정보를 얻을 수 있지요. 잘 모르는 세계를 엿보는 호기심을 가지는 것은 무척 중요한 일이라고 생각해요.

참고

베리 카드란 Verification Card로, 일본에서는 '베리 카드'라고 불립니다. 해외의 방송국이 세계를 향해 송출하는 단파방송을 수신하고, 수신 보고를 하면 베리 카드를 보내 줍니다. 국제 단파방송을 듣는 것을 Broadcasting Listening이라고 하며 일본에서는 주로 'BCL'이라고 부르는데, 1970년대에 중학생과 고등학생을 중심으로 열풍이 불었습니다.

©2021 Pokémon. ©1995-2021 Nintendo/Creatures Inc./GAME FREAK inc.

제2장 늘어나는 동료들

중학교 3학년이 된 사토시는 직접 새로운 게임 아이디어를 구상하게 되었습니다.

**게임 아이디어 콘테스트
여러분의 역작을 보내 주세요!!**

기획서

〈어둠 속의 까마귀〉

다지리 사토시

그리고 유니버설*의 게임 아이디어 콘테스트에 응모했습니다.

칠흑같이 어두운 화면 속에서 까마귀를 쓰러뜨린다는 내용. 어둠 속에서 새까만 까마귀의 모습은 보이지 않지만 가끔 까마귀가 눈을 떴을 때 흰 눈자위가 보이면 플레이어가 그 위치를 알 수 있다.

이건 분명 재미있을 거야…

*유니버설 : 현재의 유니버설 엔터테인먼트. 게임 소프트웨어와 슬롯머신 등을 만드는 회사.

만화가인 아카쓰카 후지오와 탤런트 다모리가 콘테스트의 심사를 맡는다는 사실을 알고 사토시는 무척 흥분했습니다.

다녀 왔습니다~.

기다리고 기다리던 콘테스트 결과가 도착했습니다.

앗, 이건….

이건 뭐지?

무슨 일인데 소란이니?

보세요, 게임 회사의 키홀더를 받았어요.

아이디어는 탈락했지만, 게임을 좋아하는 사토시에게는 게임 회사의 키홀더를 받았다는 사실이 더 기뻤습니다.

키홀더!!

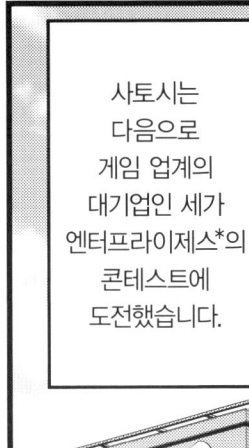

*세가 엔터프라이제스 : 현재의 세가 게임스. 게임기와 게임 소프트웨어 등을 만드는 회사.

사토시는 계단 형태의 미로 속을 통통 튀면서 나아가는 게임을 고안하고

〈스프링 스트레인저〉라는 이름을 붙였습니다.

기획서

〈스프링 스트레인저〉

다지리 사토시

중학교를 졸업한 뒤, 사토시는 국립 전문학교에 진학했습니다.

도쿄공업고등전문학교

게임 관련 일에 종사하겠다고 마음먹은 사토시는 컴퓨터의 기초를 공부했습니다.

학교가 끝나면 바로 게임 센터에 들렀습니다.

사토시, 무슨 일이니?

한 달 뒤

엄마!

제가 항상 게임만 하는데도 화내지 않고

묵묵히 지켜봐 주셔서 감사해요!

어머! 이런 큰돈이 어디서 난 거니?!

사토시는 1위 상금 10만 엔 중 절반인 5만 엔을 어머니께 드렸던 것입니다.

사토시의 〈스프링 스트레인저〉는 콘테스트에서 보란 듯이 1위를 거머쥐었습니다.

1등상

*독립잡지 : 개인이 발행하는 잡지의 총칭.
*동인지 : 독립잡지의 한 종류로, 개인 또는 같은 취미를 가진 사람들(동인)이 돈을 모아 발행하는 책.

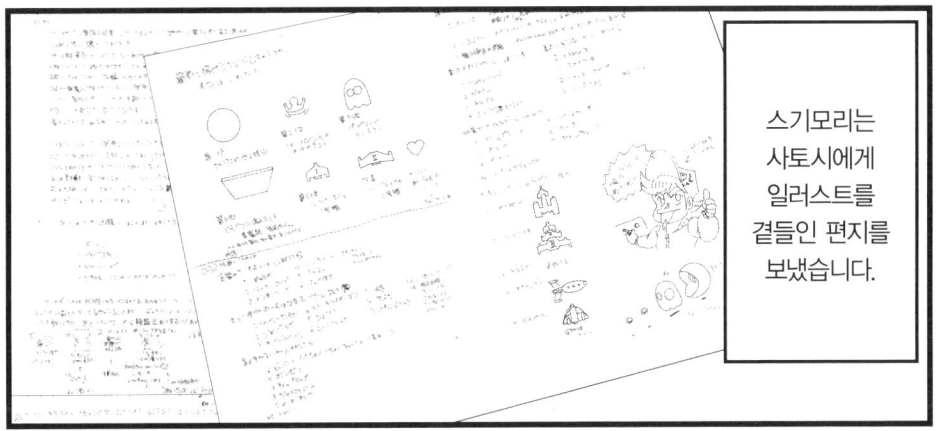

*하루미 : 도쿄도 주오구 하루미에 있었던 이벤트 홀 '도쿄국제견본시회장'의 통칭.
*AM쇼 : 어뮤즈먼트 머신 쇼. 게임 센터에 있는 게임기 '아케이드 게임'의 전시회. 현재의 재팬 어뮤즈먼트 엑스포.

두 사람은 게임 센터에서 보내는 휴일 외에는 대부분 이 방에서 〈게임프리크〉를 편집하고 발행했습니다.

우와, 여긴 가족들을 신경 쓰지 않아도 되니 좋구나!

이래서야 누구 방인지 모르겠네….

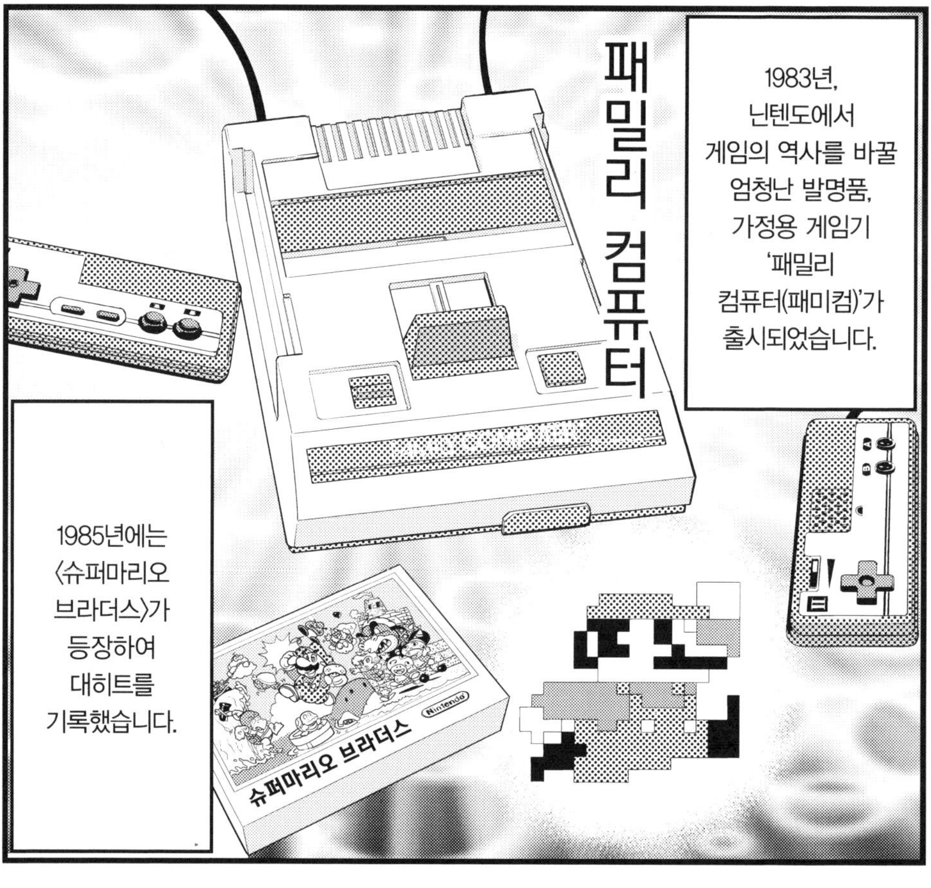

패밀리 컴퓨터

1983년, 닌텐도에서 게임의 역사를 바꿀 엄청난 발명품, 가정용 게임기 '패밀리 컴퓨터(패미컴)'가 출시되었습니다.

1985년에는 〈슈퍼마리오 브라더스〉가 등장하여 대히트를 기록했습니다.

슈퍼마리오 브라더스

***롬카세트** : 게임 프로그램이 기록된 작은 케이스.

*시모키타자와 : 도쿄도 세타가야구 북동부에 있는 지역.

*CG : 컴퓨터 그래픽스. 컴퓨터를 이용해 그리는 이미지.
*미디 : 컴퓨터를 이용한 전자음악.

다지리 사토시의 '이거 알아?' 칼럼 ❷
게임 음악

게임이란 시각, 청각, 촉각을 구사해서 즐기는 놀이지요. 그리고 게임에 집중하다 보면 '감' 같은 여섯 번째 감각이 예민해지기도 하죠.

게임에서는 모든 감각이 중요하지만, 청각이 의외로 중요해요. 게임의 효과음과 배경음악은 게이머의 상상력을 풍부하게 만들고 깊은 인상을 남겨요. 눈을 감으면 추억 속의 게임 음악이 들려오는 경험을 해 본 적 없으신가요?

학생 시절 저는 새벽 2시* 정도에 집을 빠져나와 게임 센터에 가서 게임 음악을 라디오 카세트에 녹음하곤 했어요. 늦은 밤이라 사람도 별로 없었기 때문에, 목표로 한 게임기의 스피커 근처에 라디오 카세트를 놓고 녹음할 수 있었어요. 소리만 들어도 게임 센터의 기계를 집으로 가지고 온 듯한 기쁨이 있었어요. 모노럴 음향이었지만 꽤 깨끗하게 녹음되었죠. 친하게 지내던 친구들도 똑같아서 서로 녹음한 테이프를 교환하기도 했어요.

어느 날은 한밤중에 집을 빠져나가다 들켜서 부모님께 '불량하다'며 혼나기도 했지만, 당시에는 이 일에 푹 빠져 있었어요. 마치 어릴 적 즐기던 곤충 채집처럼 〈동키콩〉과 〈팩맨〉 같은 게임의 사운드를 인트로부터 게임 오버까지 채집해서 돌아가는 거죠.

YMO(옐로 매직 오케스트라)라는 유명한 밴드가 있는데, 리더였던 호소노 하루오미 씨의 〈비디오 게임 뮤직〉이라는 앨범은 세계 최초의 비디오 게임 사운드트랙이에요. 게임 센터의 소음과 게임기의 효과음이 멋지게 일체화되어 지금도 당시 게임 센터에서의 흥분을 떠올리게 해 줘요. 이 앨범은 〈제비우스〉의 개발자인 엔도 마사노부 씨도 음원 제작에 참여했어요. 저에게 있어서는 가장 소중한 앨범 중 하나랍니다.

▲호소노 하루오미 〈비디오 게임 뮤직〉의 자켓 사진.
당시에는 CD가 아닌 LP 레코드였다.

*현재 일본법에 따르면 게임 센터는 오전 0시부터 오전 6시까지 영업을 하지 않게 되어 있지만 당시에는 영업을 했다.

©2021 Pokémon. ©1995–2021 Nintendo/Creatures Inc./GAME FREAK inc.

*하드 제조사 : 게임기 본체를 만드는 회사.

*CPU : 컴퓨터의 두뇌에 해당하는 부분.

한 가지 일을 끝까지 파고드는 사토시에게 스태프들도 협력해 주었습니다.

사토시는 '새로운 게임'은 '새로운 동사'를 제안한다는

중학생 시절에 깨달은 사실을 계속 기억하고 있었습니다.

디그더그는 구멍을 '파다',

팩맨은 먹이를 '먹다',

슈퍼 마리오는 적을 '밟다'지.

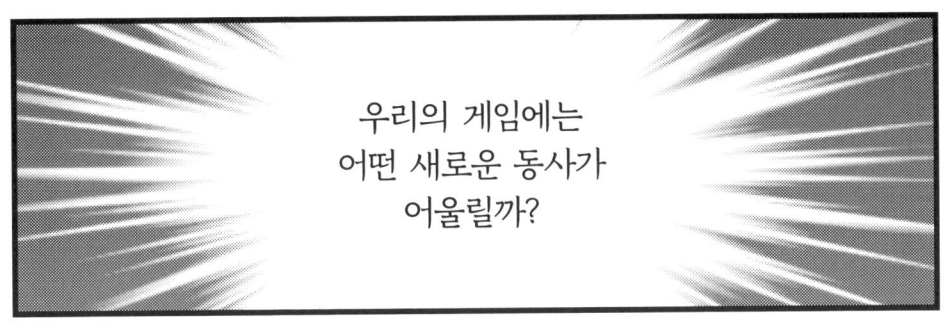

'넘기다'라는 동사를 키워드로 해서

드디어 게임프리크의 첫 자체 제작 게임 소프트웨어 〈퀸티〉가 완성되었습니다.

퀸티
주인공이 바닥의 패널을 뒤집어 굴려서 습격해 오는 적을 격퇴한다.

*인세 : 게임이나 만화 등 창작물을 만든 사람이 발매한 회사로부터 그 사용료로서 받는 돈.

다지리 사토시의 '이거 알아?' 칼럼 ❸
코미케

코미케를 아시나요? 정식 명칭은 '코믹 마켓'이라고 하는데, 매년 여름과 겨울에 개최되는 세계 최대 규모의 동인지 이벤트입니다. 여름에 열리는 것은 '여름 코미', 겨울에 열리는 것은 '겨울 코미'라고 불러요.

3일 동안 일본 전국에서 게임이나 애니메이션을 좋아하는 사람들이 60만 명 가까이 모여요. 대단한 열기죠. 요즘에는 전 세계에서도 팬들이 찾아온답니다.

동인지란 큰 규모의 출판사가 만든 책이 아니라, 개인이나 작은 동아리 안에서 자기들끼리 만들고 싶은 대로 만든 책을 말해요. 다 함께 만들고 다 함께 가지고 나가서 판매하는 거죠.

누구나 다 아는 유명 만화가의 작품을 패러디하거나 TV 프로그램, 애니메이션을 한 화씩 글로 해설한 '해설본'도 있고, '홍콩 만화'처럼 보통 사람들은 잘 모르는 만화의 세계를 해설한 책처럼 일반 서점에서는 찾아보기 어려운 책이 많아요.

코미케에서 유명한 동인지는 동인지 전문 서점에서도 판매해요. 저는 아키하바라의 동인지 전문 서점에도 자주 가곤 한답니다.

아마추어뿐만 아니라 프로 만화가가 패러디 동인지를 내는 경우도 있어요. 일본 출판계는 판매량이 줄어들면서 활기를 잃었다고들 하지만, 코미케의 파워는 점점 더 커지고 있는 것 같네요.

▲코미케 이벤트장의 모습. 도쿄 국제전시장 (도쿄 빅사이트)이라는 넓은 건물에서 열린다. 60만 명이라는 엄청난 수의 사람들이 참가한 모습을 엿볼 수 있다. (도쿄도 고토구)

©2021 Pokémon. ©1995~2021 Nintendo/Creatures Inc./GAME FREAK inc.

제4장

격변하는 사회와 포켓몬의 시작

기획서
〈젤리 보이〉
주식회사 게임프리크

기획서
〈요시의 알〉
주식회사 게임프리크

기획서
〈매지컬 타루루군〉
주식회사 게임프리크

아마추어 집단이던 게임프리크의 멤버들은

게임 제작 회사로서 많은 일을 맡게 되었습니다.

그 건은 어떻게 됐어?

그쪽은 어때?

반나절 정도면 끝나요…

이제야 시작했어요!

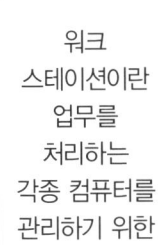

*야반도주 : 돈을 갚지 못해서 한밤중에 다른 사람들의 눈을 피하여 몰래 도망치는 일.

죄송하지만 이번 계약은 없던 일로 하겠습니다.

실례했습니다!

엥?

이이… 이럴 수가~~!

우리 워크 스테이션이 필요한데~~

……

쪼그마한 회사인 건 사실이지만

왠지 바보 취급당한 느낌이군.

젠장, 언젠가 저 리스 회사 옆에 더 커다란 빌딩을 세워서 복수할 테다!

아하하하하

리스

81

*업무 시간 : 일을 하는 시간.

닌텐도에서 게임보이가 발매된 것입니다.

1989년, 사토시에게 새로운 가능성의 문을 열어 준 사건이 있었습니다.

게임보이, 이 휴대용 게임기에는 지금까지 없었던 새로운 기능이 있어!

그게 대체 뭔데요?

다들 어서 회의실로 모여 봐!

뭐야 뭐야?!

다다다

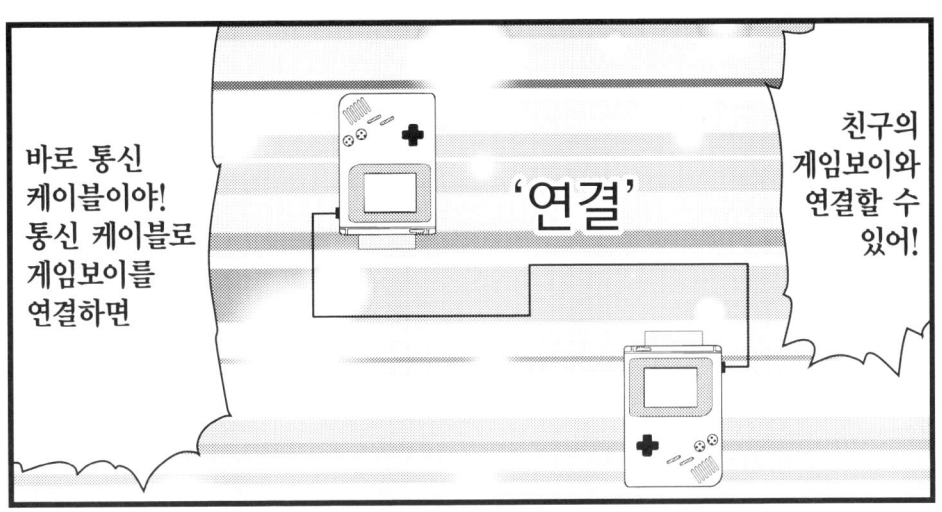

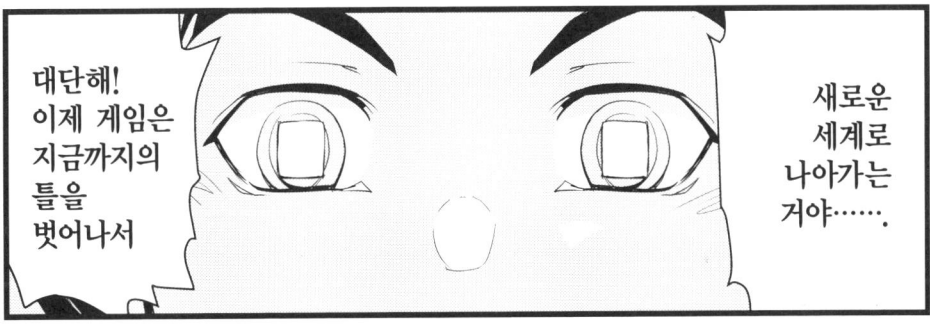

발매된 게임들은 단순히 대전 게임의 데이터 교환에만 통신 케이블을 사용할 뿐, 게임의 세계를 넓힐 만한 것은 아니었던 것입니다.

그런 설렘과 달리 아무리 기다려도 사토시가 바라는 게임은 등장하지 않았습니다.

이겼다!!

졌다…….

대전은 게임을 재미있게 만드는 새로운 기능이긴 하지만,

통신 케이블의 가능성은 그보다 더 클 거야.

어떻게 하면 게임의 세계를 더 확장시킬 수 있을까?

*RPG : 롤플레잉 게임. 플레이어가 가상의 캐릭터를 조작하여 모험, 탐색, 전투 등에서 목적을 달성하는 게임.
*드래곤 퀘스트Ⅱ : 에닉스(현재의 스퀘어 에닉스)가 1987년에 패밀리 컴퓨터용 소프트웨어로 발매한 게임.

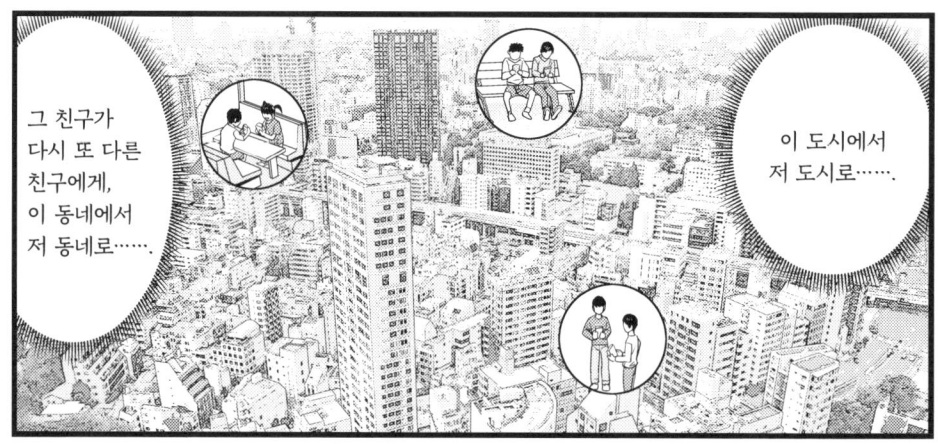

그날부터 사토시는 무서운 기세로 기획서를 작성하기 시작했습니다.

밤이 되어도 계속 쓰다가 결국 밤을 새는 경우도 많았습니다.

***주식회사 크리처스** : 도쿄도 지요다구에 있는 디지털 게임, 카드 게임 등의 기획, 개발, 프로듀스를 하는 회사.

이건 안 돼!! 포켓몬이라는 게임의 핵심은 통신 케이블을 이용해서 몬스터를 '교환'하는 거야!

그렇지만 교환을 안 해도 재미있어야 해!

교환을 통해서 더욱 재미있어지는 게임이어야 한다고!

어떻게 해야 '교환'을 좀 더 재밌게 만들 수 있을까?

사토시는 그 점을 계속 고민했습니다.

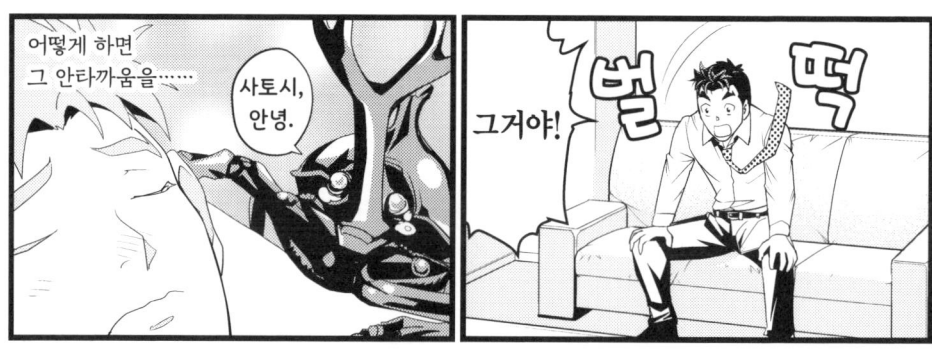

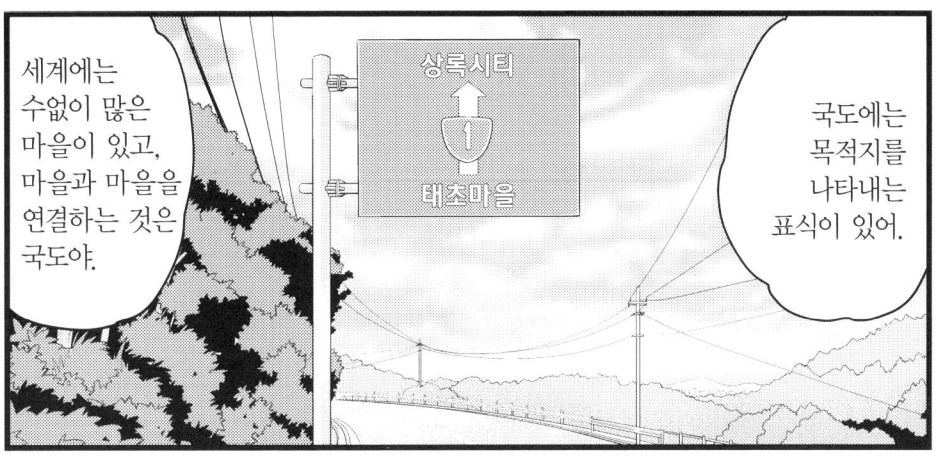

*콘티 : 영화나 애니메이션 등 영상을 만들기 전에 준비하는 일러스트.

제길, 조금만 더 있으면 어떻게든 될 것 같은데…….

반면에 개발 자금은 바닥을 보이기 시작했습니다.

사토시는 게임 제작을 담당하는 개발부와는 별도로 출판부를 만들었습니다.

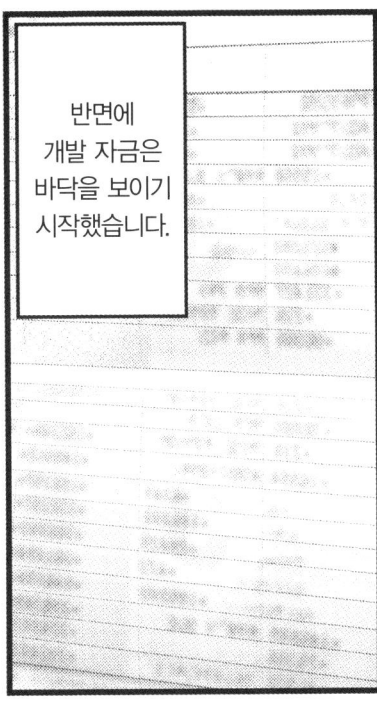

공략본 등을 제작하고, 책을 출판하여 얻은 수익으로

게임 제작에 필요한 자금을 충당하기 위해서였습니다.

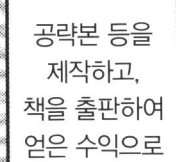

그 밖에도 단기간에 제작 가능한

게임의 개발을 병행하여 안정된 자금을 확보해 왔습니다.

마스다!!

외부에서 새로운 사람을 데려오는 것보다는 포켓몬을 잘 아는 제가

분명히 더 나을 겁니다!

프로그램도 공부했어요.

저는 음악 담당이지만 최근 몇 년간은 게임 연구를 했었고

*개발 후반부에 저장 RAM(게임 카세트 내부에 실행 데이터를 보존하는 부분)이 4Kbyte에서 32Kbyte로 확장되었다. 〈포켓몬스터 레드·그린〉에는 151종의 포켓몬이 등장한다.

삐삐

럭키

나시

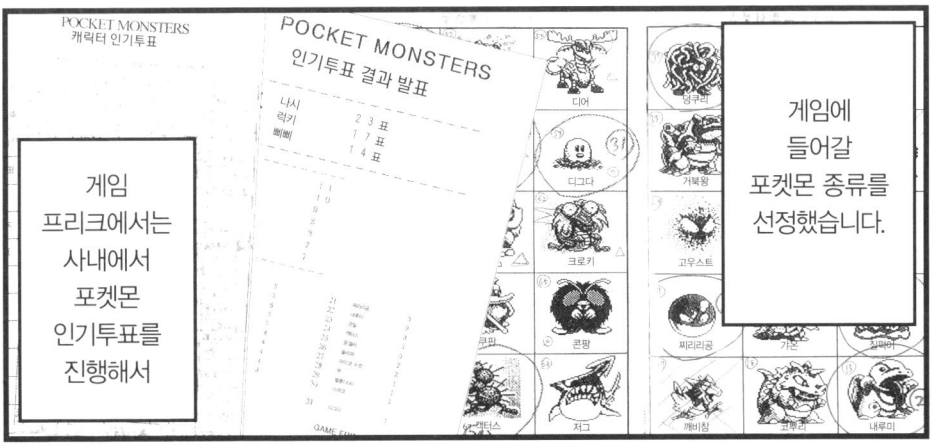

게임 프리크에서는 사내에서 포켓몬 인기투표를 진행해서

게임에 들어갈 포켓몬 종류를 선정했습니다.

치프 디자이너인 스기모리는 포켓몬이 인간의 편이기도 하지만 괴물이기도 하다는 생각에 빠져 있었습니다.

그래서 실존하는 생물을 모티브로 삼은 친근한 포켓몬이 부족했습니다.

더 귀여운 것들도 그려 줘!

통신대전!

통신 케이블을 연결해서 다른 플레이어와 포켓몬을 대결시키는 통신대전 모드.

출시가 얼마남지 않은 시점에서 강행하여 추가된 통신대전 모드는

가랏! 피카츄!

훗날 '포켓몬 리그'로 탈바꿈되어 TV나 이벤트장에서 인기를 끌게 되면서 엄청난 데몬스트레이션* 효과를 발휘했습니다.

*데몬스트레이션 : 홍보하고 싶은 것을 실제로 시연함으로써 일반 사람들에게 보여 주는 것.

다지리 사토시의 '이거 알아?' 칼럼 ❹
전자 블록

게임은 컴퓨터로 만들어집니다. 컴퓨터는 전자회로의 조합으로 이루어져 있어서, 기계가 계산을 하거나 기억을 할 수 있지요. 현대는 컴퓨터의 시대이므로 여러분의 집과 학교에도 다양한 컴퓨터가 전기 제품이나 자동차 등에 장착되어 있어요.

제가 처음으로 전자회로에 관심을 가지게 된 것은 '전자 블록'을 접하게 되면서였습니다. 전자 블록이란 상자 모양의 전자 보드에 여러 가지 전자 부품을 조합해서 라디오나 전구의 점멸기, 전자 부저 등을 만들 수 있는 물건이에요.

전자 부품에는 트랜지스터나 콘덴서, 저항 등이 있어요. 이것들을 상자 안에서 회로도에 맞추어 조립하면 만들고 싶은 기계를 만들 수 있답니다. 만드는 과정이 무척 재미있어서 실제로 전기가 들어오거나 소리가 나면 해냈다는 기쁨에 웃음이 나지요. 즐겁게 놀면서 컴퓨터의 원리를 배울 수 있어서, 점점 더 다양한 전자 기계에 도전하게 됩니다. 제가 푹 빠져 있던 것은 '학연 전자 블록 SR-4A 디럭스'라는 상품이었어요. 1석 라디오, 수위 경보기, 무선 마이크 등을 만들었지요.

게임을 하는 것도 물론 즐겁지만, 어떻게 버튼을 누르면 캐릭터가 움직이는 걸까요? 어떻게 캐릭터의 목소리가 기계에서 흘러나오는 걸까요? 조금만 생각해 보면 신기하지요? 그건 게임기를 분해해 봐도 알 수 없어요. 컴퓨터의 원리인 전자회로 시스템을 공부하는 것부터 시작해 보세요. 분명 게임과는 또 다른 신선한 즐거움을 발견할 수 있을 거예요.

무언가를 보고 '신기하다'고 느끼는 건 젊은 사람들의 특권이랍니다. 저도 항상 '신기하네'라고 생각하면서 전자회로를 공부하다 결국 게임 크리에이터가 됐거든요. 게임을 만들고 싶으면 우선 전자 블록을 가지고 놀아보는 건 어떠세요?

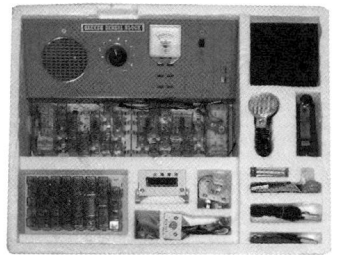

▲학연 전자 블록 〈SR-4A 디럭스〉. 전자기기를 만들기 위한 여러 가지 부품이 들어 있다. 블록의 조합을 바꾸어 라디오나 마이크 등 여러 가지 기계의 시스템을 배울 수 있다.
(사진 제공 : 전자 블록 기기 제조 주식회사)

©2021 Pokémon. ©1995–2021 Nintendo/Creatures Inc./GAME FREAK inc.

제6장 포켓몬스터 탄생!

드디어 게임 샘플 롬*이 완성되었습니다.

포켓몬스터 프로젝트가 시작되고 6년이라는 긴 시간이 흘러

사토시는 샘플을 검증받으려고 프로듀서인 이시하라 사장에게 가져갔습니다.

꽤 오래 걸렸지만… 드디어 완성했구나.

*샘플 롬 : 상품화하기 직전 단계에서 어떤 게임인지 광고하기 위해 나눠주는 시제품.

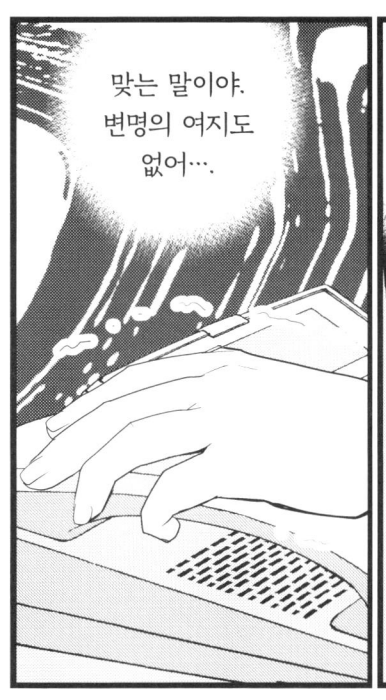

> 그리고
> 1996년 2월 27일,
> 드디어
> 포켓몬스터가
> 발매되었습니다.

포켓몬스터의 발매 첫날 출하량은 레드, 그린 두 버전을 합해서 약 13만 개였습니다.

그리고 시간이 흐르면서 계속해서 팔려 나갔고

뒤이어 발매된 블루, 피카츄, 골드, 실버, 크리스탈 버전을 합해 전 세계에서 약 7600만 개가 팔리며 역사적인 히트 상품이 되었습니다.

에필로그

학습자료관

포켓몬 크리에이터
다지리 사토시 …… 사람과 시대

가나가와현 요코하마시 미나토미라이 지역에서
개최된 이벤트 〈피카츄 대량 발생 중!〉.
사진은 2016년 개최 당시.

- ●해설 : '왜 재미있는가?'를 끝까지 고민한 다지리 사토시 ……………… 150
- ●연표 : 다지리 사토시의 발자취 ……………………………………………… 156

◉해설◉
'왜 재미있는가?'를 끝까지 고민한 다지리 사토시

닌텐도 주식회사 대표이사 펠로*1 **미야모토 시게루**

1996년에 게임보이 전용 소프트웨어로 발매된 〈포켓몬스터〉는 일본뿐만 아니라 전 세계에서 꾸준한 사랑을 받아, 2017년 11월 현재 관련 소프트웨어의 누계 출하량이 3억 개를 넘어섰습니다. 세계적으로 가장 많이 팔린 RPG 비디오 게임*3 시리즈로 기네스 세계기록*4에도 등재되어 게임 역사에 길이 남을 히트작을 만들어 낸 것이 바로 이 책의 주인공인 다지리 사토시입니다.

◉소년 시절의 체험이 〈포켓몬스터〉의 출발점

다지리 사토시는 1965년에 태어나, 아직 풍부한 자연이 남아 있던 도쿄도 마치다시에서 소년 시절을 보냈습니다. 곤충 채집을 좋아해서, 붙잡은 곤충을 친구와 서로 보여 주거나 교환했다는 추억 이야기를 그에게서 직접 듣고, 저는 무심코 무릎을 탁 쳤습니다. 그런 소년 시

미야모토 시게루
1952년 11월 16일생. 게임 기획과 제작을 하는 게임 프로듀서*2. 대표작으로 〈슈퍼마리오〉 시리즈, 〈젤다의 전설〉 시리즈, 〈동키콩〉 시리즈가 있다.

절의 체험들이 바로 〈포켓몬스터〉의 출발점이었다는 생각이 들었던 것이죠.

저는 옛날부터 게임 크리에이터*5를 꿈꾸는 아이들에게 '날씨가 좋으면 밖에 나가서 뛰어노세요'라는 조언을 하곤 했습니다. 게임 크리에이터가 되고 싶다는 꿈이 있다면, 게임뿐만 아니라 가능한 한 다채로운 경험을 쌓는 것이 좋다고 생각하기 때문입니다. 아무리 게임에만 몰두하고 일찍부터 게임 크리에이터가 되기 위한 영재 교육을 받았다고 해도 〈포켓몬스터〉와 같은 게임은 만들 수 없으니까요. 크리에이티브*6한 능력은 경험을 얼마나 많이 쌓느냐가 무엇보다 중요합니다. 실제로 몸을 움직여서 걷고 뛰어 보세요. 넘어지면 아프다는 것을 아는 것도 중요하며, 사랑을 하면서 가슴이 두근거리는 경험도 해보는 것이 중요합니다. 게임 크리에이터가 되기 위한 전문적인 공부는 더 나중에 해도 늦지 않아요. 그것보다는 지금 눈앞에 있는 것들에 계속해서 도전해 보는 것이 중요합니다. 다지리 씨는 소년 시절에 곤충 채집에 몰두했고 중학생이 되고 나서는 게임에 몰두했죠. 그 모든 경험이 〈포켓몬스터〉로 이어진 것 아닐까요.

● 게임보이만의 즐거움

제가 아직 다지리 씨를 만나기 전인 1989년에 발매된 패밀리 컴퓨터용 게임 소프트웨어 〈퀸티〉는 충격적인 게임이었습니다. 〈퀸티〉는 습격해 오는

---

*1 펠로 : 직책의 하나.
*2 프로듀서 : 제작에서 기획을 세우거나 필요한 사람을 모으거나 예산을 책정하는 등의 책임을 지는 사람.
*3 비디오 게임 : 컴퓨터로 처리되는 게임. 게임 센터에 있는 아케이드 게임, 게임보이, 닌텐도 3DS, Nintendo Switch, 스마트폰 게임 등 모든 것이 비디오 게임이라고 할 수 있다.
*4 기네스 세계기록 : 영국의 기네스 월드 레코드가 발행하는, 세계 최고 기록들을 수록한 책 《기네스북》에 등재된 세계기록.
*5 게임 크리에이터 : 게임의 기획과 제작을 하는 직업.
*6 크리에이티브 : 창조적이라는 의미.

적들을 바닥의 패널을 뒤집어 굴려서 쓰러뜨리는 액션 퍼즐 게임이었어요. '센스 있는 게임이 나왔구나'라는 생각을 했는데, 그 게임을 만든 것이 바로 다지리 씨가 소속된 〈게임프리크〉라는 사실을 알게 되었습니다. 저는 다지리 씨가 게임을 즐기는 입장과 게임을 더 많은 사람에게 알리는 입장, 두 가지를 모두 고려하면서 게임을 만들고 있다는 인상을 받았고, '이 사람은 또 다른 재미있는 게임을 만들 수 있는 사람이구나'라고 생각했습니다.

그 후 주식회사 크리처스의 이시하라 쓰네카즈 씨가 다지리 씨를 소개해 주었고, 교토에서 식사를 함께하면서 열심히 하라고 응원한 적이 있었습니다. 그때 다지리 씨가 '게임은 동사예요'라는 이야기를 했던 것이 기억납니다.

〈포켓몬스터〉의 기획서를 받은 것은 그 직후였습니다. 당시에는 아직 〈캡슐몬스터〉라는 제목이었죠. 그 기획서에는 통신 케이블로 연결한 두 대의 게임보이 그림과, 케이블을 통해 캡슐이 이동해서 상대의 게임보이로 쏙 들어간다는 간단한 구조만 그려져 있었습니다. 저는 재미있다는 생각이 들었고, 무엇보다 이 아이디어가 다른 하드[*7]에서는 성립할 수 없는 것이기 때문에 오직 게임보이에서만 즐길 수 있는 요소라고 생각했습니다.

당시의 게임보이 프로듀서는 제 스승인 요코이 군페이[*8] 씨였는데, 요코이 씨가 다지리 씨를 담당하기로 하고 일단 저는 〈포켓몬스터〉 프로젝트에서 손을 뗐습니다.

[*7] **하드** : 게임기.
[*8] **요코이 군페이** : 닌텐도 개발 제1부 부장으로서 게임보이 등을 개발한 게임 크리에이터. 1997년에 사망했다.

기획서를 받은 것은 1989년이고 발매는 1996년에 이루어졌다는 점에서도 알 수 있듯이, 〈포켓몬스터〉는 좀처럼 완성되질 않았습니다. 그래도 그동안 다지리 씨는 요코이 씨 밑에서 〈요시의 알〉*9과 〈마리오와 와리오〉*10를 제작하면서, 아이디어를 게임이라는 형태로 만드는 기술을 배운 것 같습니다.

제가 프로젝트로 돌아온 것은 꽤 시간이 지난 뒤였습니다. 그런데 저는 사실 프로듀서라는 위치에 있기는 했지만 거의 조언을 하지 않았습니다. 그건 다지리 씨가 '왜 재미있는가?'를 열심히 고민하는 사람이었기 때문입니다. 그리고 어릴 적부터 자신이 재밌다고 느꼈던 부분이 무엇인지를 찾아내는 것이 재미있는 게임을 만들 수 있는 열쇠라는 것을 알고 있는 사람이었기 때문입니다. 저는 다지리 씨를 완전히 믿고 있었습니다. 때때로 저를 '다지리 씨의 스승'이라고들 하시는데 아무것도 하지 않은 저에게 그런 호칭은 송구스럽기 짝이 없습니다.

제가 〈포켓몬스터〉에 기여한 부분이라곤 기껏해야 백업 메모리를 늘린 것 정도일 겁니다. 당시 그 부품은 무척 비쌌지만 큰맘 먹고 늘리자고 제안했지요. 그렇게 151종의 포켓몬을 모두 모을 수 있게 된 것입니다(Gotta catch'em all!*11). 그리고 NINTENDO 64*12를 만들 때에는 〈포켓몬 스타디움〉*13을 만들자고 제안하고 3D*14 제작을 돕기도 했습니다.

---

*9 〈요시의 알〉: 1991년 12월에 발매된 패미컴과 게임보이용 게임 소프트웨어. 1990년 발매된 슈퍼 패미컴용 게임 소프트웨어 〈슈퍼마리오 월드〉에서 처음 등장한 마리오의 동료인 요시가 주인공인 게임이다.
*10 〈마리오와 와리오〉: 1993년 8월에 발매된 슈퍼 패미컴의 마우스 전용 소프트웨어.
*11 Gotta catch'em all!: 애니메이션에서 사용된 말 '포켓몬, 넌 내 거야'를 영어로는 'Pokémon! Gotta catch'em all!'이라고 한다.
*12 NINTENDO 64: 1996년에 닌텐도에서 발매된 가정용 게임기. 슈퍼 패미컴의 후속 기종이다.
*13 〈포켓몬 스타디움〉: 1998년 8월에 발매된 NINTENDO 64용 게임 소프트웨어. 포켓몬 시스템의 하나인 '통신대전'에 특화된 게임이다.
*14 3D: 3차원 컴퓨터 그래픽.

●역사에 남을 게임을 만들고 싶다

〈포켓몬스터〉의 완성이 코앞으로 다가왔을 때, 인상 깊은 일이 있었습니다. 다지리 씨가 '마리오*15를 넘어서고 싶습니다'라고 말한 것입니다. '시대의 흐름에 좌우되지 않는 보편적인 것, 역사에 남는 게임을 만들고 싶다'는 것이었죠. 그런 작품을 만나기는 쉽지 않습니다. 그러나 그렇게 마음먹지 않으면 역사에 남을 게임은 영원히 만날 수 없겠죠. 다지리 씨가 보편적인 게임을 추구했기 때문에 〈포켓몬스터〉를 만들 수 있었다고 생각합니다.

다지리 씨의 말을 듣고 저는 아이디어가 떠올랐습니다. 당시에는 〈포켓몬스터 레드·그린〉이 아닌 하나의 소프트웨어로 만들고 있었는데, 조금 더 흥미있는 요소가 있으면 좋겠다고 생각한 것입니다. 이 게임의 재미는 포켓몬을 붙잡아서 교환하는 것이기 때문에 출현하는 포켓몬이 서로 다른 버전이 있다면 친구와 교환해야 할 필요성이 더 커질 테고 더욱 재미있어질 거라고 생각한 것이죠. '소프트웨어를 선택하는 단계에서부터 게임이 시작된다'는 문구를 고안하고, 처음에는 레드, 그린, 블루의 세 가지 모델을 만들었습니다. 마지막 단계에서 두 가지로 좁혀져서 레드와 블루로 결정될 뻔했지만, 이상해꽃의 만듦새가 너무 좋았기 때문에 레드와 그린으로 발매하게 되었습니다. 아슬아슬하게 거북왕의 블루 버전이 탈락하게 되었지만, 결국 레드·그린의 발매와 같은 해에 〈포켓몬스터 블루〉도 발매하게 되었습니다.

---

*15 마리오 : 여기에서는 〈슈퍼마리오〉 시리즈를 말한다.

◉혼자서는 게임을 만들 수 없다

지금까지 어떻게 〈포켓몬스터〉가 탄생했는지 이야기했는데, 다지리 씨의 아이디어와 끊임없는 노력이 이룬 성과라는 사실은 틀림없습니다. 그렇지만 잊어서는 안 되는 것이 있습니다. 아무리 대단한 천재라도 혼자서는 게임을 만들 수 없다는 것입니다. 다지리 씨에게는 스기모리 겐, 마스다 준이치처럼 서로의 능력을 최대한으로 이끌어 낼 수 있는 동료가 있었습니다. 그런 팀이 있었기 때문에 비로소 〈포켓몬스터〉는 탄생할 수 있었던 것이죠.

마지막으로, 세간에는 제가 게임 크리에이터로서 다지리 씨와 라이벌 관계처럼 비치는 것 같기도 합니다. 그러나 저는 다지리 씨를 라이벌이라고 생각한 적이 없습니다. 재미있는 작품을 만든다는 같은 뜻, 같은 꿈을 가지고 같은 경험을 거친 동업자라고 생각합니다. 언젠가 다지리 씨가 자신 안에 잠들어 있는 체험을 바탕으로 한 새로운 작품을 또 만들어 주기를 진심으로 바랍니다.

※데이터는 2017년 3월 말 현재(주식회사 포켓몬 홈페이지에서)
http://www.pokemon.co.jp/corporate/data/

기네스 기록
http://www.guinnessworldrecords.jp/news/2016/7/pokemon-records-436807

연표 — 다지리 사토시의 발자취

연도	나이	다지리 사토시와 〈포켓몬〉의 발자취
1965년	0	8월 28일, 도쿄도 세타가야구에서 출생. 도쿄도 마치다시로 이사.
1972년	7	초등학교 입학. 곤충 채집에 몰두한다.
1977년	12	담임선생님의 영향으로 궁금한 것은 끝까지 조사하는 버릇이 생겼다. 곤충 채집뿐만 아니라 생물의 사육과 관찰에도 흥미를 가지게 된다.
1978년	13	중학교 입학. 주식회사 타이토의 아케이드 게임 〈스페이스 인베이더〉에 몰두한다.
1980년	15	아케이드 게임인 〈갤럭시안〉, 〈팩맨〉 등에 몰두한다. 주식회사 유니버설 엔터테인먼트의 게임 아이디어 콘테스트에 〈어둠 속의 까마귀〉라는 게임 아이디어를 응모하지만 탈락한다.
1981년	16	국립 도쿄공업고등전문학교에 입학. 주식회사 세가 엔터프라이제스(이후 세가)의 콘테스트에 〈스프링 스트레인저〉를 응모하여 우수상 수상. 세가의 외부 아이디어 스태프로 일하게 된다.
1983년	18	동인지 〈게임프리크〉 창간. 〈게임프리크〉를 통해 스기모리 겐을 만난다.
1984년	19	일본 전역에 〈게임프리크〉의 팬이 생기고 동인지 제작을 돕는 동료가 늘어난다.
1985년	20	1983년 발매된 '패미컴'과 게임 〈슈퍼마리오 브라더스〉에 몰두한다.
1987년	22	작가 활동과 동시에 동인지 〈게임프리크〉를 제작하면서 자체 제작 게임 〈퀸티〉를 만들기 시작한다. 마스다 준이치를 영입한다.
1989년	24	동인지 〈게임프리크〉에서 이름을 딴 게임 소프트웨어 개발 회사 '주식회사 게임프리크'를 만든다. 패미컴용 소프트웨어 〈퀸티〉가 완성되고 주식회사 남코에서 발매된다. 판매량 20만 개를 기록하며 크게 히트한다.

©TAITO CORPORATION 1978 ALL RIGHTS RESERVED.　©Nintendo ALL RIGHTS RESERVED.

일본의 게임 역사	일본과 세계의 사건
1963년 일본 최초의 게임 전시회 '어뮤즈먼트 머신 쇼'가 개최된다.	1965년 싱가포르가 말레이시아로부터 독립한다. 1966년 중국에서 문화대혁명이 시작된다. 1970년 오사카 만국박람회가 개최된다
	1972년 오키나와가 미국에서 일본으로 반환된다.
1978년 타이토의 아케이드 게임 〈스페이스 인베이더〉가 발매되어 열풍을 일으킨다. 스페이스 인베이더	1978년 중일 평화우호조약이 체결된다.
1979년 주식회사 남코(이후 남코)에서 아케이드 게임 〈갤럭시안〉 발매.	
1980년 남코에서 아케이드 게임 〈팩맨〉 발매. 닌텐도 주식회사(이후 닌텐도)에서 휴대용 게임기 '게임&워치' 발매.	
1983년 닌텐도에서 가정용 게임기 '패밀리 컴퓨터'(패미컴) 발매. 패밀리 컴퓨터	
1985년 닌텐도에서 패미컴용 소프트웨어 〈슈퍼마리오 브라더스〉 발매.	1985년 일본항공 점보기 추락 사고가 발생한다. 1986년 체르노빌 원자력 발전소 사고가 발생한다.
1987년 NEC 홈 일렉트로닉스 주식회사에서 가정용 게임기 'PC 엔진' 발매. 1988년 세가에서 가정용 게임기 '메가 드라이브' 발매. 세가에서 아케이드 게임 〈테트리스〉 발매.	1988년 일본에서 세이칸 터널이 개통된다.
1989년 닌텐도에서 휴대형 게임기 '게임보이' 발매. 게임보이	1989년 쇼와 천황이 사망하고 일본의 연호가 헤이세이로 바뀐다. 일본에서 소비세법이 시행돼 3%가 징수된다.

연도	쪽	내용
1990년	25	게임 〈포켓몬스터〉의 기획안을 만들어 이시하라 쓰네카즈와 닌텐도 주식회사(이후 닌텐도)에 제안하지만 개발에 어려움을 겪는다.
1996년	31	기획을 구상한 지 6년 만에 게임보이용 소프트웨어 〈포켓몬스터 레드·그린〉(국내 미발매)이 닌텐도에서 발매되어 초등학생을 중심으로 크게 히트한다. 〈포켓몬스터 블루〉가 한정 발매된다. (일반 발매는 1999년)
1997년	32	TV도쿄 계열에서 TV 애니메이션 〈포켓몬스터〉 시리즈 방송이 시작된다.
1998년	33	첫 극장판 애니메이션 〈포켓몬스터-뮤츠의 역습〉 개봉. 이후 전 세계에서 개봉되고 크게 히트한다. 〈포켓몬스터 피카츄〉 발매.
1999년	34	〈포켓몬스터 금·은〉 발매.
2000년	35	〈포켓몬스터 크리스탈〉(국내 미발매) 발매.
2002년	37	〈포켓몬스터 루비·사파이어〉가 발매되어 크게 히트한다. 1998년에 게임프리크, 닌텐도, 크리처스 3사가 자금을 모아 창립한 '주식회사 포켓몬'(창립 당시 상호는 포켓몬센터 주식회사)에서 〈포켓몬〉 관련 사업을 본격적으로 담당한다.
2004년	39	〈포켓몬스터 파이어레드·리프그린〉, 〈포켓몬스터 에메랄드〉 발매.
2006년	41	〈포켓몬스터DP 디아루가·펄기아〉 발매.
2008년	43	〈포켓몬스터Pt 기라티나〉 발매.
2009년	44	〈포켓몬스터 하트골드·소울실버〉 발매.
2010년	45	〈포켓몬스터 블랙·화이트〉 발매.
2012년	47	〈포켓몬스터 블랙 2·포켓몬스터 화이트 2〉 발매.
2013년	48	〈포켓몬스터 X·Y〉 발매.
2014년	49	〈포켓몬스터 오메가루비·알파사파이어〉 발매.
2016년	51	스마트폰용 앱 게임 〈Pokémon GO〉 서비스 개시 〈포켓몬스터썬·문〉 발매.
2017	52	〈포켓몬스터 울트라썬·울트라문〉 발매.

게임 발매 연도는 일본 기준입니다.

1990년 닌텐도에서 가정용 게임기 '슈퍼 패미컴' 발매. 1994년 세가에서 가정용 게임기 '세가 새턴', 소니 컴퓨터 엔터테인먼트(이후 소니)에서 가정용 게임기 'PlayStation' 발매.	1990년 일본의 주가가 폭락하기 시작하고 버블 경제 시대가 끝난다. 1995년 일본에서 한신·아와지 대지진이 일어난다. 도쿄 지하철 사린 사건이 발생한다.
1996년 닌텐도에서 가정용 게임기 'NINTENDO 64' 발매.	
	1997년 일본의 소비세가 5%로 상승한다. 홍콩이 영국에서 중국으로 반환된다.
1998년 세가에서 가정용 게임기 '드림캐스트' 발매.	
	2001년 미국에서 동시다발 테러가 발생한다.
2002년 마이크로소프트에서 가정용 게임기 'Xbox' 발매.	
2004년 닌텐도에서 휴대형 게임기 '닌텐도 DS' 발매. 소니에서 휴대형 게임기 'PlayStation Portable'(PSP) 발매. 2005년 마이크로소프트에서 가정용 게임기 'Xbox 360' 발매. 닌텐도 DS	2004년 인도네시아에서 수마트라 대지진이 일어난다.
2006년 닌텐도에서 휴대형 게임기 '닌텐도 DS Lite' 발매. 소니에서 가정용 게임기 'PlayStation 3' 발매. 닌텐도에서 가정용 게임기 'Wii' 발매. 2007년 닌텐도에서 Wii 전용 소프트웨어 〈Wii Fit〉 발매.	2007년 일본의 우편 업무 민영화로 우체국이 민간 기업화된다.
2008년 닌텐도에서 휴대형 게임기 '닌텐도 DSi' 발매.	
2009년 닌텐도에서 휴대형 게임기 '닌텐도 DSi LL' 발매.	2009년 버락 오바마가 미국 대통령으로 취임한다.
2011년 닌텐도에서 휴대형 게임기 '닌텐도 3DS' 발매. 소니에서 휴대형 게임기 'PlayStation Vita' 발매.	2011년 동일본 대지진이 일어난다.
2012년 닌텐도에서 휴대형 게임기 '닌텐도 3DS LL' 발매. 닌텐도에서 가정용 게임기 'Wii U' 발매.	
2014년 소니에서 가정용 게임기 'PlayStation 4' 발매.	2014년 일본의 소비세가 8%로 상승한다.
2016년 닌텐도에서 휴대형 게임기 '닌텐도 2DS' 발매.	2016년 일본에서 구마모토 지진이 일어난다.
2017년 닌텐도에서 포터블 가정용 게임기(TV에 연결할 수도 있고 가지고 나갈 수도 있는) 'Nintendo Switch' 발매. Nintendo Switch	2017년 일본 규슈 북부에서 호우로 피해가 발생한다.

2021년 5월 10일 1판 1쇄 인쇄
2021년 5월 20일 1판 1쇄 발행

해설 미야모토 시게루
구성 기쿠타 히로유키
만화 다나카 아키라
옮김 조은정

발행인 황민호
콘텐츠3사업본부장 석인수
책임편집 백선임
디자인 중앙아트그라픽스

발행처 대원씨아이(주) http://www.dwci.co.kr
주소 서울시 용산구 한강대로 15길 9-12
전화 02-2071-2156(편집) 02-2071-2066(영업)
팩스 02-794-7771
등록번호 1992년 5월 11일 등록 제3-563호

ISBN 979-11-362-7303-1 77830

POKÉMON O TSUKUTTA OTOKO TAJIRI SATOSHI
by GAME FREAK, Akira TANAKA, Hiroyuki KIKUTA
© 2018 GAME FREAK, Akira TANAKA, Hiroyuki KIKUTA
All rights reserved.
Original Japanese edition published by SHOGAKUKAN.
Korean translation rights in Korea arranged with SHOGAKUKAN.

※이 작품은 본사가 小学館과 독점계약한 정식 한국어판입니다.
※잘못된 제품은 구입하신 곳에서 교환해 드립니다.

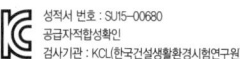
성적서 번호 : SJ15-00680
공급자적합성확인
검사기관 : KCL(한국건설생활환경시험연구원)